AF232366

OBSERVATIONS

D'UN HABITANT DES COLONIES,

Sur le Mémoire en faveur des Gens de Couleur, *ou* Sang-Mêlés, *de Saint-Domingue & des autres Isles Françoises de l'Amérique, adressé à l'*Assemblée Nationale*, par M. Grégoire, Curé d'Emberménil, Député de Lorraine.*

OBSERVATIONS

D'un Habitant des Colonies, sur le Mémoire en faveur des Gens de Couleur, *ou* Sang-Mêlés, *de St-Domingue & des autres Isles Françoises de l'Amérique, adressé à l'*Assemblée Nationale, *par M. Grégoire, Curé d'Emberménil, Député de Lorraine.*

M. L'Abbé Grégoire, Curé d'Emberménil, Député de Lorraine, a cru que les préceptes évangéliques lui prescrivoient d'écrire pour les Gens de couleur des Colonies, & sa plume, animée d'une sainte indignation, a tracé leur panégyrique.

Deux questions s'offrent à la pensée, lorsqu'on sait que M. le Curé Grégoire est Membre du Comité de vérification des pouvoirs à l'Assemblée Nationale; la première, s'il est convenable & décent que celui qui est chargé de l'examen

A

d'une réclamation , & des titres dont on veut l'autorifer , fe hâte d'imprimer, avant le rapport, une apologie du point qu'il eft chargé d'éclaircir ? La feconde, s'il eft bien délicat que ce Membre du Comité de vérification des pouvoirs , prenne dans des Mémoires faits par ceux qui viennent s'y faire juger prépa-ratoirement , les matériaux de l'apolo-gie , fans s'embàraffer s'il eft trompé ou non , & fans avoir les moindres notions fur les lieux dont il affecte de parler avec affurance ? Il paroît que la confcience de M. Grégoire n'a point de ces doutes, qui décèlent peut-être une foibleffe d'ame ; il faut donc le fuivre dans fon plaidoyer, & oublier qu'il étoit Juge.

M. le Curé, s'adreffant à l'Affemblée Nationale, débute par cette phrafe, tirée de M. Hilliard d'Auberteuil : *En aucun pays , il n'y a autant d'abus qu'à St-Domingue.* Certainement lorfqu'on dit aux Repréfentans de la Nation Fran-çoife, affemblés depuis plus de fix mois, pour réformer des abus , & qui font infiniment éloignés d'avoir atteint le dernier, qu'il eft un lieu où il y en a plus qu'ailleurs, on leur offre un vafte champ , une étendue dont l'immenfité pourroit effrayer l'imagination la plus exercée; mais, avec des génies tels que M. Grégoire, il faut defirer les difficultés pour avoir la gloire de les vaincre. Et, lorfqu'après s'être demandé (pag. 1.) *par quelle fatalité les abus les plus révoltans furent toujours les plus tenaces?* il finit fon Mémoire par le projet d'un Décret qui doit, *fur-le-champ*, en déraciner un qu'il dénonce comme étant de ce genre, c'eft que rien ne doit réfifter à la foudroyante logique de M le Curé.

La féodalité, dit-il, pag. 2, *n'a pas pénétré dans nos Colonies.* Ces expreffions receloient fans doute un regret, parce qu'alors M. Grégoire fe promettoit moins, de triomphe; mais, graces aux fecours qu'il a trouvés dans des Mémoires dont on lui parlera tout-à-l'heure, il a pu dire (pag. 47): *La féodalité, heureufement détruite dans le Continent François, s'étoit reproduite, fous une autre forme, dans nos Colonies.*

Laiffons cette petite contradiction, pour recevoir une leçon de M. le Curé. Il fe fâche (pag. 48) de ce que *les expreffions* gens de couleur & fang-mêlés *font infignifiantes, parce qu'elles peuvent également s'appliquer aux Blancs libres &*

aux Nègres esclaves. Nous prendrons la liberté de remontrer à notre Curé, que l'erreur pourroit être commise à Emberménil, où sans doute la perspicacité du Pasteur n'appartient pas à tous, mais qu'aux Colonies, où l'on appelle *Blanc* ce qui l'est, & *Gens de couleur* tout ce qui ne l'est pas, on s'entend à merveille. On distingue ensuite les nuances par des noms différens, & la liberté ou l'esclavage par les mots *libres, affranchis,* ou *esclaves*.

Pour résoudre les questions que la réclamation des Gens de couleur offre à l'esprit de M. le Curé, il croit devoir examiner préalablement ce qu'ils font dans nos Colonies.

Selon lui, ils supportent plus que les Blancs toutes les charges de la Société; ce qui se prouve, d'après son opinion, de plusieurs manières.

1°. *Ils font seuls le service de la Maréchaussée*. Il est bon que l'on sache d'abord que, dans la plupart des Colonies, il n'y a point de Maréchaussée; qu'au surplus, cette Maréchaussée, où elle existe, a aussi des Blancs; que les Gens de couleur y font bien payés; & que ce qui les y attire encore plus, c'est, d'une part, l'agrément

[5]

d'aller à cheval, ce qui eſt le bonheur
ſuprême pour un Mulâtre libre, & de
l'autre, la part dans les captúres, qui
forme un objet conſidérable.

Ici le Curé nous raconte que les Gens
de couleur ne peuvent cependant remplir
tous leurs devoirs dans ce ſervice, *par la
crainte qui les porte à pallier les délits des
Nègres, dont les Maîtres blancs accable-
roient les captureurs du poids de leur ven-
geance.*

Nous ne pouvons nous empêcher de
placer en cet endroit une petite confi-
dence dont les Lecteurs ont beſoin.

En 1785, un nommé *Raymond,*
homme de couleur, libre, du Quartier
d'Aquin, à St-Domingue, qui a été élevé
en France, & à qui la fortune & un long
ſéjour dans le voiſinage d'Angoulême
ont donné des idées ſupérieures à celles
des individus de ſa claſſe, fit faire pluſieurs Mémoires en faveur des Gens de
couleur. Il les adreſſa à M. le Maréchal
de Caſtries, alors Miniſtre de la Marine,
ayant le département des Colonies, qui
les envoya aux Adminiſtrateurs de St-
Domingue, en les conſultant ſur ce
point. Raymond, n'ayant pas eu le ſuccès
qu'il s'étoit promis, a jugé que les cir-

A 3

conftances actuelles pourroient être plus favorables; & fes Mémoires, originairement deftinés à refter fecrets, font parvenus à M. le Curé d'Embermenil, qui les a copiés dans tout ce qui fert de bafe à fon Mémoire imprimé. Voilà comment M. le Curé auroit paru, à ceux qui font auffi inftruits que lui, très-favant fur les Colonies, fi nous n'avions connu cette petite fource où il a puifé avec une confiance qui l'honore.

C'eft là qu'il a pris (notes du premier Mémoire de Raymond) le fait de la Maréchauffée. Mais, ce qui ne s'y lit point, c'eft que ce fervice de Maréchauffée eft un des moyens d'acquérir l'affranchiffement ; c'eft que les cavaliers de Maréchauffée, & quiconque a été aux Colonies l'atteftera, vexent étrangement les Efclaves, & ne fe font pas de fcrupule de déchirer les billets qu'ils ont de leurs Maîtres, pour avoir le droit de les mettre en prifon, où le captureur reçoit 4 liv., monnoie de France, pour fa prévarication, fans préjudice de ce qu'il a pu confifquer fur le malheureux qu'il a conduit, lié & garotté ; c'eft ce que prouve notamment un Arrêt du Confeil du Cap, du 14 Mars 1780.

2°. *Tous les hommes de couleur*, pourfuit le Curé, *étoient encore foumis, il y a peu, à la conscription militaire. Ils devoient fervir tous les trois ans, jufqu'à foixante.* A l'appui de cela, vient l'anecdote d'une Mulâtreffe, dont le fils, arrivé de France *pour confoler fa douleur*, eft obligé *de s'arracher à fes embraffemens, & de revenir chercher dans la Métropole une liberté qu'il ne trouve pas fous l'horifon qui l'a vu naître.*

La plainte & l'anecdote, tirés du troifième Mémoire de Raymond, n'ont trait qu'à Saint-Domingue, & qu'à une Ordonnance, du 26 Mai 1780, qui avoit pour objet la formation de 5 Compagnies de Gens de couleur, fous le titre de *Chaffeurs Royaux.* Ceux qui atteindroient déformais l'âge de 16 ans, devoient être un an dans ces Compagnies. Les Gens de couleur, libres à cette époque, étoient tenus d'y fervir trois mois, & les hommes mariés, & ceux en état d'avoir un cheval, étoient difpenfés de ce fervice, à moins de cas forcés : cela eft bien loin de reffembler à une obligation qui devoit fe renouveller tous les 3 ans, depuis 16 jufqu'à 60. Mais Raymond avoit befoin de ce tableau du fils arraché à fa mère,

[8]

& M. Grégoire, une fois décidé à prendre Raymond pour son oracle, il n'a pas dû balancer ; d'ailleurs c'est un mouvement oratoire qui donne de l'ame à un écrit. Il est dommage que cette Ordonnance ait été sans exécution, car on auroit vu bien des mères larmoyantes, dont M. le Curé auroit eu à *consoler la douleur.* Il reste tout bonnement une vérité qu'on n'a pas dite, c'est que, dans les Colonies, tout individu libre, *blanc ou de couleur,* est tenu de servir dans la milice, depuis 15 jusqu'à 55 ans.

3°. Vient le détail du service de piquet, *obligeant durant une semaine sur six, avec un cheval harnaché.* Puis les doléances sur le déplacement, la dépense, la vexation, &c. &c. &c.

Ce fait, qui est répété au troisième & au quatrième Mémoire de Raymond, a peu coûté à M. le Curé, auquel nous répondons que le service de piquet n'a pas lieu dans toutes les Colonies ; qu'aux lieux où on l'employe, c'est le plus souvent en tems de guerre, & qu'alors il remplace celui des milices ; que c'est de ceux même qui le font, qu'est venue la convention de fournir une semaine, au lieu de changer chaque jour ; que le tour de chacun revient à peine de 15 en 15 mois, & qu'enfin cette fujétion étant plus fouvent un abus de l'autorité des Commandans, qu'une chofe utile, les Colons verroient avec plaifir qu'elle fût, ou détruite, ou remplacée d'une manière qui ne grevât pas les Gens de couleur.

On a, dit-on, défendu certains métiers aux gens de couleur ; par exemple, l'orfévrerie : cela n'a lieu que pour une partie de Saint-Domingue, & depuis 1780, feulement. Cela peut fe changer, & les Colons de cette Ifle ne fe préfenteront pas plus pour s'y oppofer qu'ils ne l'ont fait pour le folliciter.

Quant à la médecine & à la chirurgie, c'eft un autre point. Dans un pays d'efclaves, où les crimes occultes font fréquens, il doit être permis d'employer, à cet égard, une circonfpection qui éloigne de ces profeffions, pour ainfi dire privées de furveillance aux Colonies, de nouveaux fujets d'alarmes. Les hommes de couleur refuferoient difficilement à des efclaves, avec lefquels des rapports de parenté les uniroient, une confiance dont eux-mêmes deviendroient fouvent les victimes.

C'eft affez pour répondre à ces deux

[10]

reproches encore copiés du 3e. Mémoire de Raymond.

Sur la défense de porter des noms Européens, & l'injonction d'en prendre d'Africains, M. Grégoire dit : *on m'a donné deux motifs de ce Décret* ; & ces motifs, il les copie comme l'argument dans la deuxième note du quatrième Mémoire de Raymond.

Quoiqu'en dise le Pasteur d'Ember-ménil, qui veut que tous les individus soient sur la même ligne, il faut qu'il convienne d'abord que la Loi civile, qui ne donne point de nom de famille à des bâtards Blancs, n'en sauroit donner à des bâtards d'une autre nuance, & par conséquent, que les Affranchis, dont plus des 9 dixièmes sont illégitimes, ne peuvent en avoir ; que même ceux qui seroient issus d'une union légitime de Gens de couleur ne peuvent avoir de noms de famille, puisque l'esclave dont ils descendent n'en a pas de semblable ; & qu'enfin s'ils avoient un nom de famille, il seroit à coup-sûr Africain.

Au surplus, l'Ordonnance de 1773 dont il s'agit, n'a été faite que pour Saint-Domingue. Elle ne défend que de prendre le nom d'aucune famille blanche *de la Colonie*, & elle ne porte que sur les Gens de couleur non-mariés; de sorte qu'un Blanc qui épouse une Mulâtresse, donne son nom à ses enfans.

Il est très-sage de ne pas souffrir cette usurpation de noms qui peut mettre du désordre dans les familles, & si les Gens de couleur prétendent que c'est un avantage d'usurper un nom de famille, il faut qu'ils confessent que c'est un droit que de n'en pas souffrir l'usurpation. Il est cependant permis à M. Grégoire de persister à n'être pas fort attaché au lien.

Cet article est terminé par un mot sur le titre de *Colons Américains*, dont les protégés du Curé se font emparés. On est bien aise de lui dire, que même tous les Blancs ne font pas reçus à s'en servir, & que, pour être Colon il faut être Citoyen réel d'une Colonie.

L'injonction faite aux Officiers publics de consigner dans leurs actes les qualifications *de Mulâtres, Quarterons, Sang-mêlés, &c. libres*, affecte M. le Curé qui emprunte ses termes & sa colère du troisième Mémoire de Raymond. Cette injonction, est inutile, selon le Plaignant & l'Avocat, puisqu'elle n'a pas pour objet de les diftinguer des Efclaves, à l'égard defquels on ne tient aucuns regiftres paroiffiaux, mais elle eft très-injurieufe pour les Affranchis.

Premièrement, M. Raymond & fon copifte, violent une vérité certaine, c'eft que depuis 30 ans il a été ordonné à ceux des Curés qui ne tenoient pas des regiftres relatifs aux Efclaves, de le faire déformais ; c'eft que ces reproches, comme beaucoup d'autres, ne frappent que fur Saint-Domingue, & que M. le Curé voit toute l'Amérique dans Saint-Domingue, parce que M. Raymond, qui eft fon *Appariteur*, y eft né.

En fecond lieu, en quoi eft-il donc étonnant que dans un pays où il y a des Efclaves, en tout femblables aux Affranchis, on ait pris des précautions pour empêcher que les premiers ne fe confondiffent avec les autres, & ne parvinffent à ufurper un Etat qu'ils n'auroient pas légalement acquis. Il y a même une chofe que nous fommes obligés de révéler à M. le Curé, c'eft que ces qualifications, elles-mêmes, ne fe donnent que fur la repréfentation des titres qui conftatent la liberté, & que cela a été imaginé, en grande partie, pour arrêter la facilité avec laquelle les Blancs faifoient des Affranchis, par des actes qui tendoient à échapper au fifc qui exige une forte fomme pour chaque affranchiffement.

Quant aux diftinctions *Mulâtre libre*, *Quarteron libre*, *&c. &c.*, elles ont été la fuite de l'amour-propre de ceux-mêmes à qui elles appartiennent. Si M. Grégoire étoit Curé d'une Paroiffe des Colonies, & qu'il s'avisât de dire d'un *Quarteron* libre, en le mariant, qu'il n'eft que *Mulâtre* libre, il verroit bientôt que cette hiérarchie colorée, a auffi fes principes dans l'orgueil comme toutes les autres.

M. le Curé nous parle de la défenfe de manger avec les Blancs : il a encore puifé ce trait dans le troifième Mémoire de Raymond, qui le fait répéter dans le quatrième. Qu'il nous foit permis de reprocher à M. Grégoire de n'avoir pas dit comme Raymond, que c'étoit une défenfe *verbale* de M. d'Argout, alors Gouverneur de la partie du Sud de St-Domingue. En outre, pourquoi a-t-il évité de citer l'anecdote du quatrième Mémoire, où Raymond a dit, qu'un nommé Leclerc & fa femme, habitans au quartier d'Aquin, *à la troifième géné-*

ration de Blancs par légitimité, dînant chez le sieur Pelletan, Capitaine de Navire aux Cayes, le Gouverneur de la partie du Sud vint les en chasser. Seroit-ce qu'on a craint d'être démenti sur ce fait ? Mais qu'importe aux Colons que des Blancs donnent à dîner aux Gens de couleur ? Qu'importe à ceux qui le veulent faire que d'autres les approuvent ? Comment ce même Gouverneur, devenu ensuite celui de toute la Colonie, a-t-il pu se décider à admettre à sa propre table le Capitaine Vincent, *Nègre libre*, en 1780, lui qui alloit chasser de la table des autres des Affranchis *à la troisième génération de Blanc par légitimité* ; & quand la prétendue défense verbale seroit écrite, qu'importe aux Colons l'absurdité d'un Gouverneur ! Il y a un grand nombre de Colons qui ont mangé avec, & chez des hommes de couleur, sans croire qu'ils dussent en rougir. Mais en France tous les individus mangent-ils donc les uns avec les autres ? Comment supposer enfin que dans un pays où l'on dit que le préjugé repousse avec horreur les Affranchis, il faille une Ordonnance pour défendre ce que tout le monde auroit honte de faire ! *Verisimilia finge Scriptor.*

On parle enfuite de la défenfe de danfer après 9 heures, & fans permiffion du Juge de Police, d'après le troifième Mémoire de Raymond : mais on peut affirmer que cette Ordonnance eft complètement éludée. Quant à la permiffion du Juge de police ou de l'Etat-Major, s'il y en a un, elle ne fe prend que dans les Villes & Bourgs : & en voici la raifon que M. le Curé apprendra avec quelque furprife.

Dans plufieurs Colonies, & notamment à Saint-Domingue, les *Nègres* libres ne font point admis par les Affranchis des autres nuances dans leurs bals. Les femmes de couleur dédaignent de danfer avec des hommes de couleur. Pour obvier aux défordres & aux querelles que des jaloufies de nuances font naître, & rendent plus dangereufes qu'on ne croit, pour empêcher même que de jeunes Blancs, qui s'en font quelquefois un plaifir malin, n'aillent troubler ces bals, on prend une permiffion dont le premier effet eft de faire fournir une garde qui a la police du bal, & qui n'y laiffe entrer que les invités ; mais on danfe tant qu'on veut, & fi, comme cela arrive le plus souvent, ce sont des Blancs qui font danser des femmes de couleur, le maître de la maison n'a pas besoin de permission.

On a sûrement dit aussi à M. Grégoire que les Ordonnances défendoient aux Esclaves de s'assembler & de danser ; cependant il est notoire qu'il n'est pas de Dimanche ou de Fête, que plusieurs milliers d'entre eux ne dansent, & que même ils ont des bals, où des sentinelles font la police ; sentinelles qu'ils vont solliciter, parce que cela donne un air d'importance à leurs Fêtes.

Passons à la réclamation sur la défense d'user des mêmes étoffes que les Blancs. Elle est tirée du troisième Mémoire de Raymond, même quant *à ces Archers de police, postés aux portes des Eglises & sur les places, pour arracher les vête- mens à des personnes des deux sexes, qu'ils laissoient sans autre voile que la pudeur.*

Il n'y a eu qu'une Ordonnance de ce genre, & elle a été faite pour Saint-Domingue, en 1779. On peut dire, qu'elle étoit tout-à la-fois impolitique, mal - adroite & inutile ; impolitique, parce qu'elle nuisoit au commerce ;

mal-adroite,

mal-adroite, parce qu'elle éveilloit l'amour-propre ; & inutile, parce qu'il n'y a pas de distinction apparente, plus sûre entre les Blancs & ceux qui ne le sont pas, que les nuances de la peau ; aussi est-elle tombée dans l'oubli dès sa naissance. Si M. Grégoire savoit bien à quel état se consacrent les dix-neuf vingtièmes des femmes de couleur, il sauroit aussi que leur parure & leurs mœurs outragent la décence publique, & que si des Archers de police les avoient dépouillées, comme il l'avance, d'après le guide qui l'égare, elles seroient restées sans voile, puisque la pudeur les a abandonnées précisément parce qu'elles sont trop bien vêtues.

On parle de défenses d'aller en voiture ; Raymond s'en plaignoit dans son troisième & son quatrième Mémoire ; aujourd'hui M. l'Abbé Grégoire y ajoute le fait d'un Quarteron, que le sieur Prodejac, Officier de Port au Petit-Goave, force à coups de canne à descendre de sa voiture. La défense & le fait du sieur Prodejac, s'ils sont vrais, ne peuvent avoir trait qu'à Saint-Domingue, & ils sont propres à indigner les Blancs eux-mêmes. On adjure quiconque a été à

Saint-Domingue, de dire s'il a rien vu de semblable. Au surplus, le Quarteron a été bien vengé du sieur Prodejac, car un Major du Petit-Goave le fit mettre aux fers il y a quelques années, & sa plainte aux Tribunaux a été déclarée attentatoire à l'autorité despotique des Agens du Gouvernement, par Arrêt du Conseil des Dépêches, du 27 Novembre 1784.

Les Gens de couleur *libres*, dit-on, ne peuvent venir en France. A la vérité cela leur est interdit, par des loix faites en France, enregistrées dans les Parlemens, & qu'on peut changer quand on voudra, sans que cel a importe aux Colons. Il n'est cependant pas inutile de dire en passant, qu'elles étoient mal observées, puisqu'il s'en trouve beaucoup dans le Royaume, dont les sept huitièmes y ont été amenés par les Blancs.

L'exclusion des charges & emplois publics est plus certaine & mieux observée. C'est à cet égard que le préjugé se montre dans toute sa force, & il n'est pas possible de songer à le détruire tout-à-coup, par une loi qui auroit certainement le sort de l'Edit de 1685, qui avoit tout accordé aux Gens de couleur. Il n'eſt pas poſſible que des êtres, qui étoient hier dans l'eſclavage, ſoient aujourd'hui dans les premiers rangs de la ſociété, chargés d'emplois, qui ſuppoſent l'éducation, les mœurs, & la confiance générale. On ſait que les motifs des affranchiſſemens prennent preſque tous leur ſource dans des ſentimens que la nature inſpire, mais que la morale n'approuve pas toujours. Eſt-ce aſſez pour qu'on livre toutes les charges à des individus, qui, ne pouvant s'élever juſqu'à elles, les abaiſſeroient juſqu'à eux !

L'affranchiſſement eſt utile à l'eſclave qui rentre dans les droits de l'humanité; au maître, parce qu'il ſatisfait ſa juſtice, & qu'il offre un eſpoir précieux à ſes autres eſclaves ; à l'Etat, parce qu'il ajoute à la force politique, mais il eſt utile auſſi, comme état mitoyen entre l'eſclavage & la liberté.

Il falloit, chez les Romains, une génération entière pour effacer la trace de la ſervitude; la loi qui avoit relégué les Affranchis dans les tribus des Villes compoſées de la lie de la nation, ôtoit toute eſpèce d'influence dans les déli-bérations publiques, à ces hommes incapables de s'élever à ces sentimens de grandeur, qui caractérisoient le Peuple Roi. Cependant les esclaves des anciens n'étoient que des prisonniers de guerre, séparés de leurs vainqueurs seulement par leurs chaînes. Mais le Nègre, dans l'état actuel des choses, est encore plus éloigné de son maître par sa couleur que par la servitude ; la loi qui l'affranchit, le soumet en même-temps au préjugé qui le note d'une défaveur civile, & le sépare de la société. L'affranchi romain étoit en tout semblable à son patron ; la nature n'a pas voulu que l'Affranchi de nos Colonies pût se confondre avec le sien.

Ainsi l'affranchissement fait donc, qu'un esclave cesse de l'être, parce qu'il ne faut pour cela que la volonté du maître ; mais l'aptitude à remplir les devoirs du citoyen, & sur-tout à en exercer les droits, n'est pas aussi facile à créer. En supposant que le tems y conduise la descendance des affranchis, il faut avouer qu'on a peine à concevoir, que dans un pays où les 4 cinquièmes & plus de la population, sont formés par les esclaves, les parens de ces der- niers, à un dégré quelquefois très-prochain, puſſent maintenir l'autorité de la claſſe dominante, ſans laquelle il faut s'attendre à des déſordres qui amène-roient infailliblement la deſtruction des Colonies. Comment le maître qui auroit affranchi un de ſes eſclaves, pourroit-il tenir dans le devoir ceux qui étant les prochés de celui-ci, trouveroient en lui au beſoin, un ſecours, un appui ? Com-ment perſuaderoit-on à l'eſclave que ſon maître lui eſt ſupérieur, s'il voit ſon compagnon ſortir d'auprès de lui, pour être *à l'inſtant-même* l'égal de ſon maître ? Si l'intervalle entre la ſervitude & le titre de citoyen n'eſt plus rien, vous détruiſez le reſſort qui maintient une conſtitution malheureuſe peut-être, mais néceſſaire. Si cet intervalle eſt immenſe, & ſi rien ne montre la poſſibilité de le rendre moindre, vous excitez le déſeſpoir. C'eſt par cette dernière raiſon que les révoltes des eſclaves n'ont éclaté d'une manière effrayante, que chez les nations qu'on peut appeller républicaines; chez les Anglois à la Jamaïque, chez les Hollandois à Surinam.

Ce préjugé de la couleur, il faut le dire, n'eſt pas même celui des Blancs ſeuls. Le Nègre libre eſt regardé avec mépris par le Quarteron efclave. Au-deffous de lui par la loi, mais plus près de fon maître par la couleur, il fe croit fupérieur à lui. Une Mulâtreffe fe couvre d'opprobre fi elle s'unit avec un Nègre : les mariages de ce genre font prefque fans exemple. Il n'eft pas un Nègre qui ofât acheter un Mulâtre ou un Quarteron pour s'en faire fervir. Si cette tentative avoit lieu, le Quarteron efclave préféreroit le parti le plus violent, la mort même à un état qui le deshonoreroit dans fa propre opinion, & tous ceux de fa cafte fe croiroient obligés de feconder fes projets, parce qu'ils partageroient fon infamie.

Ainfi, une forte de fierté qui s'accroît à mefure que la nuance s'affoiblit, tend à donner une nouvelle force à ce préjugé qui eft le reffort caché de toute la machine coloniale. Il peut être *adouci*, mais non pas *anéanti* ; le temps peut, avec fa lime fourde, détruire ce qu'il a de groffier, mais fi on le coupe, la machine fe brifera avec fracas.

On peut répondre à M. le Curé, qu'il n'y a plus de Gens de couleur Officiers dans leurs Compagnies de Milices, depuis l'époque où ils ont voulu eux-mêmes sortir tous de celle des Blancs, où ils n'étoient pas réputés les premiers. On les a vus, à Saint-Domingue, en faire pour chaque nuance, & en interdire l'entrée à ceux de la nuance, *regardée comme au-dessous*. D'un autre côté les Blancs ont brigué davantage les emplois des Milices, lorsqu'on y a attaché les récompenses militaires, qui ont peut-être plus nui à l'esprit public, que n'auroit fait le choix de quelques hommes de couleur, parce qu'elles ont rendu les Colons instrumens du despotisme.

Sur l'interdiction de l'entrée des Assemblées paroissiales, les Gens de couleur ont été les maîtres de s'y présenter lorsqu'ils ont été propriétaires & susceptibles d'y avoir un intérêt à soutenir, & cette règle est commune aux blancs qui n'y viennent pas tous indistinctement. Et quand on pense à ce qu'étoient les Assemblées paroissiales, présidées par des envoyés ou des subordonnés du pouvoir exécutif, il est peu regrettable de n'y avoir pas participé. Malgré cela il n'est pas de Colonies où les Gens de couleur n'ayent été admis dans des Paroisses.

Aux spectacles, les Gens de couleur

font dans des loges particulières. Si M. le Curé avoit pu être témoin de la manière dont ils s'y conduifent, s'il favoit que les Mulâtres libres ne veulent pas s'y trouver à côté des Nègres libres, il feroit un peu honteux d'avoir difcouru en faveur de la Comédie. Il peut fe raffurer en fachant qu'on a abufé de fa bonne foi, quand on a dit qu'aux Eglifes, les Gens de couleur avoient des places diftinctes, & qu'à fon tour il abufe de celle des autres.

M. Grégoire eft choqué de la défaveur qu'on marque aux blancs qui époufent des femmes de couleur. Il cite même, de plus que le mémoire de Raymond, le fait d'un Marguillier révoqué à caufe d'une femblable alliance. Ce fait auroit befoin de preuves; mais on peut l'abandonner.

D'après ce qui a déja été répondu à M. le Curé pour lui prouver qu'il étoit impoffible & même dangereux que tous les hommes de couleur occupaffent des charges publiques, il eft tout fimple d'en conclure que le blanc qui époufe une femme de couleur & qui par conféquent en adopte la famille, doit defcendre au niveau de celle-ci. Cette

dégradation très-volontairement encou-
rue eſt un avantage du préjugé. Quand
la vanité porte les Affranchis à rechercher des mariages qui les honorent,
il ne faut pas que la cupidité & des
motifs quelquefois plus vils, portent
des blancs à des méſalliances qui les
enrichiſſent. M. le Curé ne ſait pas
que depuis quelques années on trouve
des blancs qui, pour une ſomme plus
ou moins forte, font avec des femmes
de couleur, des mariages dont les
conditions principales ſont que le mari
quittera l'épouſe & légitimera des enfans *actuels & futurs* auxquels il prête
ſa très-menteuſe paternité. C'eſt prin-
cipalement dans la partie du Sud de
St.-Domingue, que ces contrats honteux
ſont en uſage, & l'on prétend même
qu'il eſt de ces êtres qui ſe prêtent,
ſous des noms différens, à paroître &
pères & maris pluſieurs fois.

On laiſſe M. le Curé très-fort le
maître de s'eſcrimer contre M. Hilliard
d'Auberteuil, qui a tort de vouloir que
le mépris accable la race des Noirs. Il
nous ſemble que les raiſons impérieuſes
qui veulent qu'on maintienne une diſ-
tance entre les affranchis & les blancs,

peuvent fe paffer du mépris. Il ne faut méprifer que les vices. On peut & on doit eftimer les vertus par-tout où elles font placées, & fi des motifs politiques, fi des inftitutions fociales marquent des rangs, ce feroit une grande faute que de ne pas laiffer en commun les qualités qui honorent l'homme dans quelque état que le Ciel l'ait fait naître. Il eft plus d'un homme de couleur à qui les Blancs prouvent que ces principes font bien connus, & qu'il eft bon de les fortifier.

Mais écoutons M. l'Abbé Grégoire. *Ainfi*, dit-il, après s'être indigné contre Hilliard, *l'intérêt & la fûreté feront pour les Blancs la mefure des obligations morales ! Nègres & Gens de couleur fouvenez-vous-en. Si vos Defpotes perfiftent à vous opprimer, ils vous ont tracé la route que vous pourrez fuivre.*

Si le Mémoire n'étoit pas avoué par le Curé d'Emberménil, on le croiroit de quelque fanatique révolutionnaire, qui a cru utile à fa réputation d'exciter fix cents mille hommes à s'entr'égorger.

Et quoi !...... d'un Prêtre eft-ce là le langage !

Eft-ce là le langage d'un Repréfentant

de cette belle Nation qui vient de reprendre le pouvoir légiflatif & qui eft refponfable à l'univers entier de l'ufage qu'elle en fera ! Eft-ce là le langage du miniftre d'une religion dont le Fondateur a donné l'exemple de la fageffe & de la foumiffion ! Eft-ce, enfin, la morale que l'Affemblée Nationale a chargé l'Abbé Grégoire de prêcher aux Gens de couleur, lorfqu'ils viendroient faire vérifier leurs pouvoirs au Comité dont il eft Membre !

Pour ne rien omettre de ce que les Mémoires de Raymond lui ont fourni, le Rédacteur du Mémoire impute au Procureur-Général du Confeil du Port-au-Prince, d'avoir dit *vers* 1770 dans un difcours :

„ Il exifte parmi nous une claffe na-
„ turellement notre ennemie & qui
„ porte encore fur fon front l'empreinte
„ de l'efclavage ; ce n'eft que par des
„ loix de rigueur qu'elle doit être con-
„ duite. Il eft néceffaire d'appéfantir
„ fur elle le mépris & l'opprobre qui
„ lui eft dévolu en naiffant. Ce n'eft
„ qu'en brifant les refforts de leur ame
„ qu'on pourra les conduire au bien „.

Cette citation eft copiée mot à mot

du commencement du troisième Mémoire pour M. Raymond, qui dit que
ce difcours fut prononcé à la réception
de M. le Comte de Nolivos, en qua-
lité de Gouverneur de St. Domingue.
M. Grégoire a cru devoir ajouter par
une Note, page 49 :

  » On prétend que l'auteur de cette
» affreufe affertion, a fait retirer au-
» tant qu'il a pu, les exemplaires de
» ces affiches «.

  Hé bien, le difcours a été imprimé
dans la Gazette du 21 Février 1770,
& voilà ce qu'on y copie :

  » Vous les connoiffez, Monfieur,
» les obligations importantes de la place
» éminente dont le Roi vous honore.
» Concilier l'intérêt de la Colonie avec
» ceux du Monarque........*maintenir*
» *la fupériorité néceffaire de la race libre*
» *& fans mélange fur celle qui porte en-*
» *core fur fon front l'empreinte de l'ef-*
» *clavage* «.

  En quoi cela reffemble-t-il, à la ré-
voltante diatribe inventée par Raymond
& adoptée par M. le Curé Grégoire !

  Enfuite on a parlé d'attentats contre
la majefté des mœurs, de menaces
faites par des blancs aux hommes de

couleur dont ils convoitent les femmes
ou les filles,, de l'abus que font des
chefs de leur autorité pour les écarter
afin de parvenir à leurs fins. Et ce font
ces tableaux qui exciteroient l'indignation des blancs les moins délicats, que
le Curé choisit dans le premier Mémoire
de Raymond pour en offrir la révol-
tante peinture ! *Pardon, Monseigneur,*
dit Raymond au Miniftre de la marine
dans ce Mémoire , *fi je mets fous les
yeux de votre Grandeur, un tableau de
pareilles turpitudes.* Et M. Grégoire ,
fon écho, s'écrie : *Pardon, MM.,
fi je vous retrace ici ces turpitudes
qui excitent l'indignation & non la furprife.* C'eft fur la foi de Raymond, que
le Curé calomnie tant qu'il lui plaît, &
fe permet de dénoncer les Colons blancs
comme les plus vils & les plus lâches,
corrupteurs.

C'étoit le moment propice , après
cela, d'affurer qu'un Mulâtre doit avoir
fix fois raifon pour avoir juftice, qu'on
ne punit pas un Blanc, quelque chofe
qu'il lui ait fait, & qu'il ne peut pas
même fe défendre s'il eft attaqué. Cela
eft auffi fûr que le refte, car Raymond
l'a dit en deux endroits de fon premier

Mémoire. Cependant les Tribunaux retentissent tous les jours des procès de Gens de couleur contre des Blancs ; cependant des Blancs qui frappent des Gens libres, sont plus ou moins punis ; cependant on a accordé des lettres de grace à des Affranchis qu'on avoit forcés à défendre leur propre vie.

Mais quel est celui qui a été aux Colonies, sans voir que les Gens de couleur & sur-tout les femmes trouvent trop facilement des Blancs, qui prennent leur défense d'une manière qu'on peut dire outrée ? Qui n'a pas vu même l'esclave d'un homme en place être la cause de l'emprisonnement de quelques Blancs ? Qui n'a pas vu entre des Blancs des combats singuliers dont la cause étoit la protection trop aveuglement accordée à des Affranchis ou à des Esclaves ? Mais cela n'est pas dans les Mémoires de M. Raymond & n'a pu par conséquent être mis dans celui de M. Grégoire.

Il se hâte, par exemple, de citer le trait d'un Blanc qui escroque au jeu un homme de couleur, le frappe & le fait pendre en effigie pour s'être défendu. Et comment douter de cette preuve, elle eſt rapportée au commencement du premier Mémoire de Raymond !

Il eſt vrai que depuis une quinzaine d'années les loix féroces ſont un peu moins énergiques, & les actions atroces moins communes. Pluſieurs Blancs ſont même hommes.

Mais M. Grégoire n'a pas pris garde que pour éclairer l'Aſſemblée Nationale qui doit prononcer à préſent, il étoit aſſez inutile de lui donner un tableau qui ne reſſemble plus depuis quinze ans. S'il y a une tendance à la douceur, à la modération, ſi elle s'eſt produite d'elle-même par le réſultat des lumières, par l'effet du tems, ces cauſes continuant à agir, doivent donc amener un amélioration d'autant plus heureuſe qu'elle ſera ſans ſecouſſe, ſans inconvénient ? Mais M. le Curé s'empreſſe de prôner de peur que l'occaſion ne lui échappe, il n'a plus ſans doute de converſion à faire à Embermenil, il va chercher les habitans des Colonies pour les anathématiſer.

Une choſe l'embarraſſe néanmoins, c'eſt ce qu'il a entendu aſſurer de toute part, que les Gens de couleur ſont les maîtres les plus durs envers les eſclaves.

Il dit que *c'est une récrimination , que des faits peu nombreux ne comportent pas une induction générale , qu'il ne manque qu'une petite chose à l'assertion, c'est d'en administrer les preuves.* (pag. 15.)

On répond à M. le Curé que le reproche fait aux Gens de couleur, est tellement notoire, que lui seul peut le révoquer en doute. La menace la plus forte que fasse un Blanc à son esclave est celle de le vendre à un homme de couleur; le châtiment le plus rigoureux, celui d'exécuter la menace. Quand on représente même aux individus de cette classe qu'ils sont trop sévères, leur réponse, toujours la même, est que les Blancs ne connoissent pas toute la méchancheté de la race noire. Mais puisqu'il faut des preuves à M. le Curé, en voici.

Un Arrêt du Conseil Supérieur du Port-au-Prince de 1755 , a condamné une Négresse libre à perdre la liberté & à être vendue comme esclave pour avoir fait mourir par ses cruautés sa Négresse.

Un Arrêt du Conseil Supérieur du Cap-François , du 9 Janvier 1783 , a condamné le nommé Xavier, Nègre libre, à la chaîne publique à perpétuité,

pour

pour avoir fait périr par des traitemens barbares la Négreſſe Marthe ſon eſclave.

Si le Curé d'Emberménil s'étoit occupé d'étudier les hommes au lieu de déclamer contre ceux qu'il lui plaît de choiſir pour ce deſſein, il lui paroîtroit fort vraiſemblable que les maîtres privés d'éducation par leur état, ſoient les plus enclins à uſer avec rigueur de ce titre. Qu'il voie autour de lui dans les dernières claſſes de la ſociété ſi les pères eux-mêmes ne traitent pas leurs enfans avec une dureté que ceux des claſſes ſupérieures déplorent.

Il aſſure malgré cela que ce furent les Blancs qui ſeuls étourdirent le Miniſtre par leurs remontrances contre l'Edit de 1784, qui vouloit qu'on traitât les eſclaves plus humainement. Si M. Grégoire avoit voulu s'inſtruire avant de haſarder cette nouvelle fauſſeté, il auroit appris que cette Loi, ayant pour effet principal de dégrader l'état de ceux qui adminiſtrent les Habitations pendant l'abſence des Propriétaires, elle a excité les plus grands murmures. Il a été aiſé de ſentir que les infidélités de ceux qui pouvoient s'en permettre, étoient faites

C

pour mériter une juste sévérité, mais qu'il étoit contraire à tous les principes d'un bon Gouvernement d'envelopper l'homme intègre & utile dans des dispositions rigoureuses. Cela a été senti, puisque cette Loi a été modifiée par une autre dès 1785, & quand on sait ce qu'il en coûtoit alors au Ministère pour avouer qu'il s'étoit trompé, on sera forcé de convenir que l'aveu de 1785, n'est pas aussi complet qu'il auroit dû l'être.

Mais dire que l'Edit de 1784 a excité les plaintes des Blancs, parce qu'il amélioroit le sort des esclaves, c'est insulter à la vérité. Les mesures qu'il prescrit ont été indiquées par des Habitans qui en avoient vu l'exemple presque partout, & s'il est tombé en désuétude dès sa naissance, c'est qu'il n'étoit nouveau que pour des choses impraticables, & inutile pour les autres, puisqu'elles l'avoient précédé.

D'après le systême que M. Grégoire a adopté, il prétend que les Habitations des Blancs montrent plus d'instrumens de tourmens que celles des Gens de couleur ; & l'on croiroit d'après lui, qu'à chaque pas on trouve aux Colonies des gibets, des échafauds, &c. Et voilà comme on se fait une réputation ! Et M. le Curé écrit dans un Pays où un vol domestique *de* 10 *sous* est puni de mort !

Pour animer ce tableau, on lit (p. 16) : *Tel Maître blanc fusilloit ses Nègres ; tel autre faisoit retentir la plaine des hurlemens de ses esclaves déchirés par lambeaux, tel autre cassoit une jambe à tout Nègre fugitif & attendoit la gangrène pour qu'elle exigeât l'amputation. Tel autre..... mais le cœur de M. Grégoire oppressé, déchiré, lui interdit d'autres détails.* Si telles sont les mœurs générales des Colonies, la dépopulation doit y être effrayante. Cependant sur 400 mille Nègres qui sont à Saint-Domingue, il en meurt environ cinq mille par an, c'est-à-dire, un sur 80. Il est sans doute des Maîtres trop rigoureux, & le mépris qui les suit dans les Isles mêmes, prouve combien leur conduite offense. Les choisir pour peindre tous les Maîtres, c'est comme si l'on concluoit que la France n'est habitée que par des scélérats, puisqu'elle a eu des *Cartouche*, des *Mandrin*, des *Desrue*, & que des crimes atroces ont rendu célèbres les Forêts de Bondy, d'Orléans, &c.

Quand M. le Curé d'Emberménil

faura que les deux tiers des Affranchis
font du fexe féminin, & qu'il rappro-
chera cela des mœurs de ce fexe, il
verra que les caufes de l'affranchiffement ne font pas toujours fort dignes
de l'éloge d'un Prêtre.

Nous confeffons avec plaifir que les hommes de couleur font propres à gravir les
montagnes où plufieurs d'entr'eux font ac-
coutumés à chercher leur fubfiftance &
leur plaifir dans la chaffe. Ils fervent à rame-
ner les efclaves fugitifs, mais des Blancs y
vont également & à la tête des Affranchis. Les Gens de couleur de Saint-Domingue ont marché à Savannah, & puif-
que M. le Curé en fournit l'occafion,
on lui dira que les Nègres libres furent
les feuls qui marchèrent avec une bonne
volonté marquée & conftante. Les Affranchis des nuances plus foibles eurent
befoin d'incitation, d'être prêchés par
le Capitaine Vincent, Nègre libre, qui
avoit été au Siége de Carthagêne en
1697 ; enfin les Quarterons & Métifs qui
formoient une Compagnie féparée au
quartier de Limonade, aimèrent mieux
laiffer fupprimer cette Compagnie, le 6
Avril 1779, & être incorporés à ceux
d'une nuance qu'ils jugeoient inférieure

à la leur, plutôt que de fournir un seul homme pour l'expédition de Savannah. Tous les protégés de M. le Curé ne sont pas des héros.

Il est vrai qu'on ne peut reprocher un génie turbulent aux Gens de couleur, car la sédition de quelques-uns d'eux à la Guadeloupe en 1737, fut presque aussi-tôt appaisée que conçue. Mais si beau-coup de Curés les endoctrinoient comme celui d'Embermenil, il faudroit peut-être leur opposer une funeste résistance. Déjà à la Martinique, à la fin du mois de Septembre dernier, ils ont fait un mouvement d'insurrection, mais il faut dire que dès le lendemain, les princi-paux d'entr'eux le désavouèrent & se montrèrent dans des dispositions bien autres que celles de leurs prétendus Mandataires à Paris.

Le fait de la contribution de 9400 livres pour le don d'un vaisseau au Roi par la Colonie de Saint-Domingue en 1783, de la part des hommes de cou-leur du quartier d'Aquin, les honore, s'il est vrai comme on aime à le croire ; & les Blancs font fort aises que M. Gré-goire l'ait tiré des notes du premier Mé-moire de Raymond & de celles de son projet de Placet au Roi pour le publier.

Mais ce fait donne lieu d'obferver que les quartiers de Cavaillon, de Saint-Louis & d'Aquin réunis, contiennent environ 1000 Gens de couleur, & que fi leur offrande n'a été que de 9400 livres dans un des quartiers où font les plus riches d'entr'eux, il fera difficile que 30 mille Affranchis de toutes les Colonies, & ceux de Saint-Domingue font les plus riches, trouvent 6 millions de don patriotique offert à l'Aſſemblée Nationale, comme le quart de leurs revenus.

La piété filiale, le reſpect pour la vieilleſſe, font un bel effet dans le Mémoire de M. Grégoire, & il eſt dommage que la vérité les démente. Les Affranchis confacrent à leurs plaifirs ce qu'ils pourroient employer à tirer leurs proches de la fervitude, & quand ils ont leurs parens pour efclaves, ils s'en font fervir avec beaucoup de rigidité. On a vu Simon Camus, Nègre très-riche de la Martinique, vendre fon fils qui étoit fon efclave.

Quant à l'hofpitalité, plufieurs d'entr'eux l'exercent noblement, & il faut même avouer que pour la faire éclater, ils préfèrent les occasions que leur fournissent des Blancs. Cet orgueil est louable du moins dans ses effets. Il est très-vrai, comme le dit M. Grégoire (en copiant le premier Mémoire de Raymond) que des femmes de couleur exercent des actes d'une générosité précieuse. Telle est la veuve Cottin, au Cap François, où ses vertus la rendent l'objet de la vénération publique. Celle-là ne réclamera pas à-coup-sûr contre un préjugé qu'elle a fait taire. Son exemple indique la voie qu'il faut suivre.

On ne peut pas se mettre d'accord avec M. le Curé sur le reste de l'éloge & on le dit à regret. *L'attachement des sang-mêlés pour les Blancs s'est souvent démenti. Plusieurs fois, ils ont été auteurs & complices d'empoisonnemens* & de crimes de différens genres, malgré l'assertion contraire répétée d'après le premier Mémoire & dans le projet de Placet de Raymond.

En 1766 il y eut une Procédure instruite au Fort-Royal de la Martinique, contre le nommé Jacques Pain, *Nègre libre*, Magasinier du quartier du Trou-au-Chat, chez lequel se tenoient depuis longtems des Assemblées où il profesfoit l'art exécrable des empoifonnemens, & diftribuoit des drogues dont les effets ravagèrent la Colonie. Les complices de ce fcélérat étoient Jeanneton, *Négreffe libre*, fa femme ; Babo, *Nègre libre* ; Paul, *Nègre libre* & Marguerite fa femme ; Mandave, *Nègre libre*, Nicolas, *Mulâtre libre* ; Boromée, *Métif libre*, & vingt-un Efclaves.

Par Arrêts du Confeil de la Martinique des 10 & 12 Mai 1766, exécutés le 13, Jacques Pain & fa femme furent condamnés au feu ainfi qu'un des efclaves ; & les autres accufés, à la chaîne publique à perpétuité ou à d'autres peines ; mais les vingt-neuf criminels furent tous livrés au bourreau.

Hâtons-nous de tirer le rideau fur ces faits défaftreux. N'allons pas fouiller les Greffes Criminels pour prouver davantage que les fcélérats font de toutes les claffes, de toutes les nuances ; mais que les feuls Arrêts cités apprennent aux Gens de couleur & au Curé d'Embarménil, qu'il ne faut pas tout choquer & tout démentir pour faire un éloge.

D'après le premier Mémoire de Raymond, M. Grégoire attribue le peu de mœurs des femmes de couleur à l'in-

continence des Blancs. Il eſt aſſez ſin-
gulier que ce ſoient les Gens de couleur
qui s'élèvent contre un concubinage qui
leur a procuré & l'exiſtence & les biens
dont ils jouiſſent, & qu'ils reprochent
aux Blancs d'*abjurer envers eux les effu-
ſions de la paternité.*

Ce commerce illégitime qui offenſe
les mœurs & la Religion, eſt un mal
néceſſaire dans les Colonies où les femmes blanches ſont en petit nombre, &
où les mariages ne peuvent être nombreux : il prévient de plus grands vices. Les
foibleſſes des Maîtres les apprivoiſent
& l'eſclavage eſt adouci. La population
y gagne parce que c'eſt moins le liber-
tinage que le beſoin qui préſide à ces
unions illicites. La chaleur du climat qui
irrite les déſirs & la facilité de les ſatiſ-
faire, rendront inutiles les précautions
du Légiſlateur pour remédier à ces abus,
parce que la Loi ſe tait, où la nature
parle impérieuſement.

L'exemple des femmes eſclaves in-
fluera toujours ſur les mœurs de celles
qui ſont libres. Elles viennent de la Côte
d'Afrique où la polygamie eſt autoriſée,
& dans les Colonies une mère eſclave
fait qu'elle s'élève par ſon commerce

illégitime avec un Blanc ; elle améliore le fort de fon enfant, & la nuance qui le rapproche du Blanc eft prefque toujours le gage de fa liberté, & fouvent de celle de fa mère. L'influence du climat, le goût du luxe, l'éloignement pour les époux de leur claffe qui font peut-être les maris les plus jaloux & les plus defpotiques, tout porte les femmes de couleur à fuir le mariage, & malgré qu'elles n'aient pas plus de confidération publique à efpérer comme femmes d'un Blanc, que d'un homme de couleur, elles préfèrent de s'unir aux premiers. Les richeffes des Affranchis font toujours verfées par cette raifon dans la claffe dominante où la vanité les porte. C'eft ainfi que le nombre des Gens de couleur augmente, & que celui des Propriétaires de cette efpèce diminue.

Par quelle bifarrerie, dit M. Grégoire (page 20) *le François méprife - t - il la même chofe en Amérique & pas en Afie. Le préjugé contre les Gens de couleur n'infecte guères les Comptoirs de l'Inde ni les Ifles de France, de Bourbon & de Gorée. N'eft-il pas étrange que, même à Saint-Domingue, la ligne de démarcation des poffeffions Efpagnoles & Françoifes foit auffi elle des opinions.*

On a peine à concevoir qu'à la fin du dix-huitième siècle, M. le Curé Grégoire sache assez peu de chose de l'Asie pour ignorer que cette partie du monde n'a cessé d'avoir des Esclaves depuis l'époque de l'antiquité la plus reculée, & que les Castes Indiennes libres ne se mêlent jamais entr'elles. Comment M. Grégoire ignore-t-il qu'à l'Isle de France les Lascards & les Malabards sont traités avec hauteur par les Blancs, & que les Affranchis sont au même rang que ceux des Antilles ? Comment ignore-t-il qu'après deux siècles les Colons de Bourbon ne sont pas encore parvenus à se convaincre que les femmes prises à Madagascar par les premiers Habitans de l'Isle étoient des ingénues & non pas des esclaves ? Comment ne sait-il pas qu'à Gorée les Gens libres, qui sont des ingénus & non des affranchis, disent en parlant, *Nous autres Blancs*, & qu'ils sont regardés par eux-mêmes, ainsi que cette expression le prouve, comme inférieurs aux Blancs & même aux Mulâtres. Cependant là, nous sommes chez les Noirs.

On avoue que dans quelques lieux la législation Espagnole favorise les affranchissemens & tolère les mésalliances, quoique dans des parties du Golfe du Mexique il soit défendu aux Sang-mêlés de porter la perruque, & à leurs femmes d'employer des dentelles ; mais les Créols Espagnols sont soumis à un autre préjugé, c'est que les emplois publics leur sont interdits & accordés aux seuls Européens. Cette politique décourageante n'est pas la seule cause qui empêche les Gens de couleur de la partie Françoise d'émigrer dans celle Espagnole de Saint-Domingue, où il semble que l'analogie des mœurs, le mélange des races & la douceur des Loix auroient dû les attirer. Les Gens de couleur ont de l'aversion pour les Espagnols. Elle naît de l'espèce de mépris qu'inspire la paresse & la misère, qui en est le fruit. D'un autre côté une superstition outrée, l'Inquisition & l'espèce de subordination où les maris tiennent leurs épouses, sont des obstacles à ce que les femmes de couleur sur-tout ne tentent le voyage, & les femmes de toutes les couleurs influent autant sur les mœurs & sur les résolutions que les hommes.

M. l'Abbé Grégoire, sans doute dans le désespoir de ne pas prouver lui-même que les Affranchis, sont en tout égaux

aux Blancs ; va rechercher quels ont été les premiers Habitans des Colonies. *Les hommes étoient des Boucaniers , des Flibuſtiers , des Gens de couleur venus de Saint-Chriſtophe ; les femmes l'écume des carrefours , les reſtes de la débauche.* Arrêtez Paſteur d'Embermênil. Apprenez encore que la généalogie des dix-neuf vingtièmes des Colons actuels ne remonte pas à plus de trois générations Créoles , & que tout ce dont vous faliſſez votre plume leur eſt étranger ; que même à l'époque des Flibuſtiers & des Boucaniers , & des envois de femmes qui ne furent pas toutes priſes, où votre aveuglement les fait ramaſſer ; il y avoit des hommes qui avoient eu un rang diſtingué en France , des hommes & des femmes eſtimables ſous tous les rapports.

Conſidérez néanmoins que , ſi malgré cette origine ils ſont devenus ce que ſont tous les autres François , dans quelque claſſe élevée que l'on cherche la comparaiſon , vous faites leur éloge & non leur cenſure. Cela empêche-t-il que tout Affranchi ne ſoit provenu d'un Africain , d'une Eſclave ? Vous ajoutez que Saint-Chriſtophe a envoyé des Gens de couleur, dont la deſcendance ſe dit Blanche ;

vous avancez (fauſſement il eſt vrai) que c'eſt M. *de Larnage, Gouverneur de Saint-Domingue*, qui déclara èn 1746 que les deſcendans des Indigènes ſeroient réputés Blancs, & que beaucoup de Sang-mêlés ſe firent déclarer tels, en ſe diſant fils de Caraïbes, & qu'on ne fut pas difficile ſur les preuves. Hé bien, qu'en conclure ? Cela ſeul, que le préjugé des Blancs n'eſt pas auſſi inflexible que vous cherchez à l'établir, & que les Gens de couleur peuvent devenir quelquefois d'heureux uſurpateurs.

M. le Curé, qui parle de tout, parle auſſi (page 26) d'une objection qu'il annonce lui avoir été faite ſur les maria-ges mêlés qui feroient éclore *le pian?* En vérité, M. le Curé abuſe de la permiſſion d'écrire. Puiſqu'il ſait ſi bien comment on gagne le pian, il auroit bien dû ne ſe pas faire d'auſſi miſérables objections pour avoir le plaiſir de les détruire.

M. Grégoire ne veut pas que les Gens de couleur comptent ſur la bienveillance des Blancs. *Le paſſé ſeroit,* ſelon lui, *une mauvaiſe garantie.* Ainſi trente mille Affranchis répandus *dans toutes les Colonies* en moins d'un ſiècle, dont les Maîtres ont abandonné la propriété, dont ils ont payé l'affranchiſſement au fiſc ; trente mille individus qu'ils ont fait ſortir de l'eſclavage (ou qui ſont le fruit de ceux qu'ils en ont retirés) ; trente mille individus qui diſent avoir une fortune d'un milliard, ne peuvent pas croire à la bienfaiſance de ceux auxquels ils doivent tous ces avantages ! Ils ne peuvent pas en eſpérer dans l'avenir tout ce que le tems doit apporter d'adouciſſement à un préjugé qui s'eſt toujours affoibli ? Quel eſt l'Eſclave qui , avant d'accepter l'état d'Affranchi, a cru qu'il ſeroit l'égal de ſon Maître ? Quel eſt le Maître qui n'a pas pu appoſer une limitation à ſon bienfait ? Quoi ! celui qui a pu tout refuſer , qui avoit par les Loix *faites en France* le droit de ne rien accorder, eſt indigne de con-fiance, parce qu'il ne conſent pas que ſon Eſclave ſoit *tout-à-coup* aſſimilé à lui , au riſque de perdre & ſa fortune & ſa vie ! Quelle logique !

Et ſur qui les Sang-mêlés peuvent-ils donc compter ? Sera-ce ſur les déclama-tions d'hommes qui ſe forment en ſectes, en ſociétés, pour conſommer à diſcourir ſur ce qu'ils n'entendent pas , un tems qu'ils enlèvent à leurs devoirs. Sera-ce ſur les réſultats de certains Clubs, où des

Ecrivains à tout prix, des Petits-Maîtres, des Femmes à vapeurs, confomment en frais de logement, de fecrétariat, d'impreffion, &c. &c. des fommes qui fauveroient la vie à des individus, que le froid & la faim affaffinent à la porté de leurs maifons, & dans les rues qu'ils traverfent avec des chars dorés, pour aller differter fur des maux imaginaires & lointains ? Sur qui compteront-ils ? Sera-ce fur les hommes qui les promènent comme les Artifans infenfés de leur réputation éphémère, & qui leur vendent de la fumée & des illufions? Qui peut paffer pour les vrais protecteurs des Gens de couleur, ou de ces êtres qui s'agitent en France fans qu'il leur en coûte que des paroles ou quelques cottifations, ou des Colons qui ont facrifié des millions pour faire des Affranchis ? Les déclamations d'un Curé de Lorraine méritent-t-elles donc plus de foi que les fentimens des Colons qui ont du moins expié leurs foibleffes par des bienfaits, tandis qu'ailleurs elles n'auroient fervi qu'à peupler des Hopitaux d'Enfans-trouvés, dévoués à la misère & à l'infamie ?

Lorfqu'on croit arrêter M. Grégoire par la crainte que les Efclaves ne veuillent

[49]

lent à leur tour devenir les égaux des Blancs, il répond (page 29) : *Pauvre vanité ! je vous renvoye à la déclaration des droits de l'Homme & du Citoyen, tirez-vous-en, s'il se peut.*

Mais M. le Curé a-t-il pris garde lui-même que tout son Mémoire ne roule que sur ce point, que la déclaration des droits de l'homme n'est pas faite pour les Colonies. Il parle de la richesse des Gens de couleur, de l'importance dont ils sont pour retenir les Négres dans le devoir ; il compte sur le quart de leurs revenus, sur leur cautionnement. Eh ! que deviendra tout cela si la déclaration des droits de l'homme est admise par-tout ?

L'Assemblée Nationale moins hardie que le Curé d'Emberménil, n'a pas tranché la question, & on doit croire qu'elle ne la tranchera pas, on en a sa prudence pour garant. Elle n'ignore pas que ce n'est point avec du sang qu'il faut cimenter les révolutions pour les rendre durables. Elle sait bien que la constitution qu'elle a faite a pour objet la paix du Royaume & le bonheur de ses Habitans. Elle sait que les millions d'hommes que le commerce des Colonies fait vivre, sont persuadés que le pain est le premier article

D

de toute conſtitution , & que des droits
ne ſuffiſent pas & ſont même dangereux
pour des hommes *affamés*. Elle ſait qu'un
État peuplé de 26 millions d'hommes &
qui dure depuis plus de treize ſiècles, n'eſt
pas un Etat à former , mais un Etat exiſ-
tant, qui a , ſi l'on peut s'exprimer ainſi ,
un tempérament politique à conſerver.
Enfin l'Aſſemblée Nationale qui ſentira
bien que la déclaration des droits de
l'Homme n'eſt pas une plante de tous les
climats, la gardera dans celui où elle ne
peut produire que des fruits utiles. Elle
déclarera , à coup-ſûr , que par ſes décrets
elle n'a entendu rien innover à l'exiſtence
politique des Colonies, & elle aura encore
aſſez de bien à y réaliſer , pour qu'il ne
ſoit pas indigne d'elle d'y faire préparer ,
par les Colons eux-mêmes, la conſtitution
qui leur eſt propre , & qu'ils ſoumettront
enſuite à ſon approbation.

C'eſt lors du travail de cette conſtitution & à cette époque ſeule qu'on pourra
examiner dans les Colonies ſi le moment
eſt venu de faire pour les Gens de couleur quelque choſe qui marque encore
mieux les ſentimens des Colons pour
eux. Le preſcrire , c'eſt entamer cette
conſtitution , c'eſt faire ce que l'Aſſem-

blée Nationale veut éviter. C'eſt préparer ſans utilité des ſemences de diviſion & de haine ; c'eſt préparer tous les maux.

M. le Curé eſt fort tranquille ſur la perte des Colonies. Cette partie de ſon Mémoire n'eſt pas un chef-d'œuvre en diplomatique. Il veut bien croire qu'elles ne ſongent point à paſſer ſous une domination étrangère ; mais au ſurplus elles ne le pourroient pas, dit-il, car les Anglo-Américains ne veulent que des libres, & *les Anglois ſont diſpoſés à ſupprimer la traite des Eſclaves, de concert avec nous.*

On va répondre à cela, ſeulement pour montrer que par-tout M. le Curé eſt auſſi inſtruit & auſſi fort en raiſonnement.

D'abord les Anglo-Américains ont des Eſclaves dans leurs Provinces méridionales. Quelques Particuliers y ont renoncé dans les Provinces ſeptentrionales, parce que par-tout où le climat permet d'employer le Journalier blanc, il eſt préférable à l'Eſclave qu'il faut acheter fort cher. Ainſi cette Puiſſance ne ſeroit pas aſſez extravagante pour refuſer les Colonies à ſucre, où elle trouveroit ce qu'elle y cherche ſans ceſſe par la contrebande.

Les Portugais que le Curé cite (p. 34) comme ne voulant plus d'Eſclaves depuis

1755, ont donné lieu, il y a six ans, à un armement de la part de la France, pour aller détruire leur Comptoir à Gabimgue, à la côte d'Angole Ils ont tous les ans trente vaisseaux à la Côte d'Or, autant dans chacun des deux ports de Saint-Paul de Loango & de Saint - Philippe de Benguela, & dix à Biffao, sans compter ce que fournit le cabotage des Isles du Prince & de Saint-Thomé.

Les Anglois ne peuvent pas vouloir de Colonies, parce qu'ils vont supprimer la traite de concert avec nous ! . . . Comme on est crédule à Emberménil ! Quoi ! M. Grégoire ignore qu'après des débats fort longs, dont l'objet caché étoit de nous mener à une grande faute, le Parlement d'Angleterre a ajourné indéfiniment la question ! Il ne sait pas que ce Parlement a fait des règlemens sur la traite ! *Mais cette traite s'épuise par les exportations & ne sauroit durer. Il y a déja disette de Nègres, & elle est cause qu'on trafique des Indiens*, (pag. 24). On traite en Afrique sur sept cens lieues de côtes, & trois cens de profondeur ; ce qui donne deux cens quarante mille lieues quarrées. On en tire environ quatre-vingt mille Nègres par an ; c'est donc un individu par trois lieues quarrées. Quant aux Indiens on en a toujours eu d'Esclaves.

Pour espérer lui-même tout ce qu'il promet, M. le Curé se repose avec confiance (pag. 50) sur la parole *de l'estimable M. Clarkson*. Mais M. Clarkson, à qui la tête a tourné parce qu'un discours de lui sur l'esclavage des Nègres, a été couronné par l'université d'Oxford, ne règle pas plus les destins de l'Angleterre, que ses Traducteurs & ses Mimes ne parviendront à régler ceux de la France. Les applaudissemens qu'on obtient dans une Séance Académique, les Comités qu'on excite & les cachets touchans qu'on fait mettre sur des brochures, tout cela ne donne pas le droit d'être le précepteur des Nations, le régulateur des plans de gouvernement. On s'engage à prouver à M. Grégoire, quand il le voudra, que l'ouvrage de *l'inestimable* Clarkson a plus d'erreurs encore que son propre mémoire. Au surplus, on ne demande qu'une chose à M. le Curé, c'est qu'il accorde *la priorité* à la Motion faite en Angleterre ; il sera tems d'imiter nos ennemis s'il est écrit que nous devions les singer. Ce sera un assez beau triomphe pour les *Benezet*, les *Briſſot de Varville*, que de marcher à leur ſuite, comme ils en ont l'habitude. Quant au pauvre Las Caſas, il n'auroit pas dû s'attendre que ſon confrère aſſocieroit ſon nom à celui de ces grands Apôtres de la liberté, qui veulent changer l'univers, lui qui a conſeillé de prendre des Nègres eſclaves pour cultiver l'Amérique.

A tant de raiſons il étoit tout ſimple d'ajouter que *les Blancs ne pourroient ſe livrer à une Puiſſance étrangère ſans les Gens de couleur, & que les Gens de couleur le pourroient ſans eux.* (pag. 30). M. le Curé Grégoire a compté écrire ſans doute pour les montagnards d'Auvergne ou pour les habitans des landes de Bordeaux, & il ne faut pas les détromper.

Pour ne rien oublier, le Curé menace de la réunion des Sang-mêlés aux Eſclaves (pag. 32). On lui a ſans doute dit que ceux-ci déteſtoient plus les Sang-mêlés que les Blancs, puiſqu'il obſerve que ſi cette haine exiſte, elle a ſa cauſe dans l'emploi de punir, qu'ont pluſieurs Mulâtres eſclaves dans des habitations, & encore dans le mépris dont les Blancs donnent l'exemple. Mais, ajoute-t-il, les Gens de couleur nient l'exiſtence de cette haine.

Si nier étoit une preuve, M. le Curé n'en manqueroit jamais. Mais tous les faits qu'on lui a cités, établiſſent cette haine & on n'a beſoin que des expreſſions qu'il a priſes dans le premier Mémoire de Raymond. *La conduite des Blancs eſt concordante avec leurs principes, & comme s'il ne leur ſuffiſoit pas de verſer l'humiliation ſur les Gens de couleur ils inſpirent les mêmes ſentimens à leurs Nègres qui affectent enſuite le ton de ſupériorité envers les eſclaves des Mulâtres* (pag. 3 2). Croira-t-on que des Eſclaves qui trouvent même honteux pour eux de ſervir des Affranchis plutôt que des Blancs les préfèrent aux Blancs ?

Qu'il me ſoit permis en outre de le demander à M. le Curé. Pour quel but les Affranchis s'uniroient-ils aux Eſclaves contre les Blancs ? Quand on ſe confédère, c'eſt ordinairement pour un intérêt commun ; mais il n'en exiſte pas entre eux. L'Eſclave révolté & triomphant, voudroit à coup ſûr reſter libre & l'égal de l'Affranchi, qui alors perdroit ſa fortune avec ſes propres eſclaves & ne seroit plus que le compagnon pauvre du Nègre, peu avant son esclave, qui le domineroit bientôt parce que son parti seroit le plus fort. Ainsi les Gens de couleur s'associeroient pour perdre ! Ce calcul est bon seulement dans le Mémoire d'un Curé de Lorraine. Dans la coalition des Blancs & des Gens de couleur au contraire, l'intérêt commun *est évident*, il rassure les Blancs.

Tant de réflexions judicieuses sont les avant-coureurs d'une explosion contre les Blancs qui veulent *du Sucre*, *du Café*, *du Tafia* au prix de tant de cruautés. *Indignes mortels, mangez plutôt de l'herbe & soyez justes !* On se rend à un pareil avis, & certainement de toutes les manières d'abolir l'esclavage c'est la plus sûre & la plus douce. Il seroit digne du zèle du Curé d'aller évangéliser de cette manière par-tout le Royaume, & notamment dans les Villes maritimes & dans celles où sont les manufactures. Le moment est singulièrement favorable pour *conseiller de manger de l'herbe.*

M. Grégoire ne veut pas (pag. 37) que *des convenances politiques balancent*

la justice & fléchissent la rigueur des loix.
Le bonheur des Empires, selon lui, *résulte*
de l'heureux accord des principes politi-
ques avec ceux de le justice. Il y a donc
des principes politiques ? Mais la pro-
bité d'une Nation veut-elle qu'on dé-
pouille des propriétaires de ce qu'ils ont
acquis à prix d'argent ? Si la Nation s'est
trompée en le permettant, qu'elle répare
ses torts par des indemnités réelles, &
non pas en conseillant les meurtres &
les assassinats contre ceux qui ont compté sur sa foi. S'il doit se trouver des
Othello & des *Padrejean*, que ce ne,
soient pas du moins des Prêtres qui les
invoquent, qui les conjurent & qui se
délectent à aiguiser leurs poignards !

Le calme succède enfin à cet orage
pour rechercher si les Gens de couleur
qui sont à Paris, doivent avoir des Députés à l'Assemblée Nationale, & M. le
Curé conclut pour l'affirmative. Ainsi
l'on verroit à l'Assemblée Nationale,
l'ordre des Mulâtres & quatre-vingt d'entre
eux de tout âge, de tout sexe, do-
mestiques, esclaves, appelés de toute
part, seroient chargés du choix de ces
Députés, d'une espèce nouvelle ! L'Assemblée Nationale feroit former une dé-

putation pour trente mille individus , féparés d'elle de deux mille & même de
cinq mille lieues, & féparés entre eux-
mêmes, & ce feroit quatre-vingt individus qui délibéreroient fur tout & viendroient, par ce fait même, entamer la
Conftitution des Colonies! Si cela ar-
rivoit, on pourroit dire que l'Affemblée
Nationale a des principes de toute couleur, & qu'elle en change avec les cir-
conftances.

Mais, dit-on, les Gens de couleur
n'ont point été appelés aux Affemblées,
& ils n'ont point choifi les Députés Colons. D'abord, cela n'eft pas vrai pour
toutes les Colonies, ni pour toutes les
Paroiffes; mais au furplus qui les a em-
pêchés de s'y préfenter ? le préjugé ? il
falloit au moins effayer ? En outre y fuf-
fent-ils tous venus, ils ne pouvoient pas
l'emporter fur la pluralité formée par les
Blancs. *Mais les Gens de couleur ont un
intérêt tout différent de celui des Blancs.*
Il faudra donc qu'on les tienne féparés,
eux qui prétendent à être mêlés aux
Blancs. *Mais qu'importe aux Députés d'en
voir de couleur : cela augmentera la Dé-
putation, comme eux-mêmes l'ont fouhaité.*
On affure qu'on a déjà répondu cent

fois au Curé, quoiqu'il imprime le contraire (p. 42), que cet argument étoit le plus misérable de tous : 1°. parce que l'Assemblée Nationale a fixé le nombre des Députés, & 2°. que s'il en falloit davantage, la préférence appartient aux Suppléans choisis par des milliers de Colons, sur des Suppléans pris à Paris, parmi 80 êtres, dont les 7 huitièmes ne seroient pas Citoyens actifs, en France même. Enfin, on le repète, c'est toucher en France à la Constitution Coloniale, c'est donner aux Colonies des Loix qu'elles n'auroient pas consenties.

Cela seroit d'autant plus impolitique, on le répète , qu'une partie de la Colonie de la Martinique est actuellement en insurrection contre son Gouverneur - Général, auquel on impute d'avoir voulu assimiler sur le-champ tous les Gens de couleur aux Blancs, dessein qu'il a désavoué sans succès, & que les Gens de couleur, eux-mêmes qui s'en étoient autorisé, ont été forcés de déclarer qu'ils ne prétendoient pas soutenir.

Néanmoins, comme M. Grégoire est bien convaincu de l'inutilité des Colonies pour la Métropole, il est bien aise, avant de les rejetter avec le dédain qu'elles lui inspirent, d'y faire passer un Décret de sa façon. Le voici.

1°. Les Gens de couleur quelconques feront assimilés en tout & pour tout aux Blancs.

2°. Les Maîtres pourront affranchir leurs Esclaves sans rien payer ; les Esclaves pourront se racheter.

3o. Tout Enfant de couleur sera libre de droit, il aura même une pension.

4°. Il sera défendu de reprocher aux Sang-mêlés leur origine comme une injure.

5°. Les Curés useront du crédit de leur ministère pour effacer le préjugé.

6°. Les Gens de couleur réunis, à *Paris*, choisiront cinq Députés pour la présente Session de l'Assemblée Nationale.

Cela mérite quelques réflexions.

1°. L'assimilation parfaite des Gens de couleur aux Blancs sera la répétition de l'Edit de 1685, & l'on a vu que le préjugé avoit contrarié la Loi depuis 104 ans.

2°. Il est probable que les Maîtres n'abuseront point de la faculté d'affranchir fans rien payer, dès qu'ils verront qu'ils n'ont fait que des ingrats.

A l'égard de celle donnée à l'Efclave de fe racheter, elle aura le bon effet de lui confeiller le vol, & en outre fi le Maître ne veut pas céder fa propriété, il faut fuppofer que quelque chofe l'y forcera. Les Efpagnols, qui feuls avoient autorifé cet ufage dans leurs Colonies, ont fini par fentir, en 1787, qu'il s'oppofoit à leur établiffement, & par l'interdire ; mais il eft tout fimple qu'en 1789 nous nous mettions au-deffous des Efpagnols.

3°. Propofer d'affranchir de droit tout Enfant de couleur, c'eft peut-être les empêcher de naître, & l'on doit frémir de la feule idée d'armer l'intérêt & la jaloufie contre l'humanité. Cette Loi feroit abfurde, parce qu'elle puniroit le Maître d'une faute dont il peut n'être pas coupable. Elle feroit attentatoire aux droits de la propriété. Elle porteroit fur un enfant innocent, qu'il faudroit peut-être arracher au fein maternel pour fa confervation. Elle confeilleroit même l'avortement. Telle étoit celle de 1685, qui confifquoit les enfans nés d'un mêlange illicite, au profit des Hopitaux; elle fut invoquée à la Martinique par un Religieux de la Charité, mais la mère lui reprocha d'être le complice, l'auteur de la faute, & il fallut arrêter le procès pour faire cesser le scandale.

Qui sera tenu de la pension? le Père? Et qui le fera reconnoître? Que de recherches, que d'accusations contre les bonnes mœurs! Un Curé n'est pas toujours un bon Législateur.

4°. Dire à un homme qu'il est noir, jaune ou blanc, ce n'est pas une injure. Si c'est à l'intention qu'on en attache l'idée, il faut convenir que ce sera une action judiciaire d'un genre assez neuf.

5°. Voilà donc les Curés, ces Ministres de paix, chargés de tout bouleverser dans les Colonies, & spécialement départis pour y faire une révolution. Il est des lieux où la Religion autorise les Ministres à parler de l'égalité chrétienne; mais l'égalité civile n'est pas de leur mission. Un Capucin en a dit un mot à la Martinique, & des Esclaves l'ont pris pour un signal de révolte. Plusieurs d'entre-eux ont expié leurs erreurs, & la tête du fanatique fugitif restera chargée du sang qu'il a fait couler. L'Assemblée Nationale pourra-elle voir tranquillement qu'on lui propose de publier un mani-feste, qui amèneroit des convulsions capables d'ébranler le Royaume ?

6°. Enfin, reste le choix des cinq Députés : on y a répondu. Ce sera une perte, on l'avoue, pour l'Avocat qu'ils ont honoré de leur Présidence, de ne pas recueillir le prix inappréciable qu'il s'étoit promis, entr'autres, de ses soins & de ses démarches multipliées, l'honneur de siéger dans l'Assemblée Nationale, comme Député des Gens de couleur, qui l'ont déja nommé à tout évènement.

Et que ce jeune Jurisconsulte se console, son zèle ardent peut trouver des occasions de se signaler sans porter la désolation dans le Nouveau-Monde. S'il a juré de défendre des malheureux, il habite la Capitale, où chaque pas en fait trouver, dont les maux très-réels valent bien ceux qu'on crée sur le papier. Il pourra-même s'honorer davantage, parce que ses travaux seront gratuits. Il est des couronnes de plusieurs genres, & on doit préférer celles qui ne peuvent pas être ensanglantées, sur-tout quand on ne doit pas partager les dangers aux-quels on peut livrer les autres.

On le répète, toute loi qui aura pour objet de frapper violemment le préjugé, fera affreufe dans fes conféquences. La première qu’elle auroit, feroit d’empêcher les affranchiffèmens ; la feconde, de porter les Blancs à renvoyer les Affranchis qu’ils emploient comme domeftiques, comme ouvriers, & à leur préférer des Blancs, qu’on feroit plutôt venir exprès d’Europe, ce qui renforceroit une claffe, & tourneroit au détriment de l’autre. Les femmes, les enfans de couleur, qui, au moment actuel, efpèrent tout des Blancs, feroient fruftrés dans leur attente, en un mot, l’amour-propre irrité, cauferoit les plus grands maux.

Les Affranchis font un genre de fauvegarde pour nos Colonies, contre les Efclaves, auxquels ils offrent une perfpective confolante ; mais, ils ne font utiles qu’autant que leur intérêt accroît leur attachement pour les Blancs. Cependant, fi le grand nombre des Efclaves a fes dangers pour la fûreté, celui des Affranchis n’en a pas moins pour les mœurs & pour l’efprit national, qui s’altèrent en paffant par des hommes qui ont été dégradés par la fervitude. Il feroit

donc

donc dangereux, d'accorder beaucoup d'affranchissemens à la fois. Il faut s'arrêter à cette observation générale, que les Affranchis ne doivent pas être aussi nombreux que les Ingénus, qui, avec les prérogatives, doivent encore conserver la force qui les maintient.

Tel est l'empire des préjugés lorsqu'ils tiennent à la Constitution d'un Pays, qu'on ne doit y toucher qu'avec la plus grande circonspection. Celui qu'on est obligé de montrer ici tel qu'il existe, s'affoiblira sans doute, & pour le faire espérer une observation s'offre naturellement. C'est qu'il a toujours diminué, & même lorsque ceux de la Métropole acquéroient de la force, quoiqu'ils fussent plutôt dépendans de l'opinion que de la nature des choses.

Ce qui se passe dans le Royaume ne sauroit manquer d'influer sur ce qui peut avoir été exagéré, & qu'on peut adoucir; mais le tems, & le tems seul, peut achever son ouvrage. On peut dire ici, comme les Administrateurs d'une Colonie le marquoient au Ministre de la Marine, à la fin de 1786 : » Une loi directe, » rendue en faveur des Affranchis, pro-

» duiroit *le seul effet* de révolter l'opiniâ-
» treté des Blancs. Nul Corps dans la
» Colonie dont tous les Membres ne
» prîssent désormais plus de soin pour
» vérifier l'extraction des Candidats pro-
» posés, & ne fussent fermement résolùs
» à exclure les origines suspectes. Tous
» souffriroient , sans qu'aucun en re-
» cueillît le fruit. L'autorité , soutenue
» du cri de la raison & de celui de l'hu-
» manité , ne seroit pas en état de com-
» battre ouvertement cette opinion, &
» d'en triompher «. Une meilleure éducation, une conduite plus réservée , des
mœurs plus épurées peuvent amener des
changemens, qui seront aidés & favorisés
par ceux mêmes qui, dans cet instant, les
trouvent dangereux, à cause de la situa-
tion où des écrits incendiaires ont mis
des esprits , dont l'inquiétude suffit pour
inspirer la terreur.

Et pourquoi M. Grégoire refuseroit-il
de croire à ce besoin de temporiser ; lui
qui disoit, au mois d'Août 1788, dans
son *Essai sur la régénération physique ,
morale & politique des Juifs :* » N'allons
» pas toutefois heurter de front leurs
» préjugés ; ils se cabreroient. . . . Un
» article délicat, & cependant indispen-.

» fable, c'est de préparer à cette réforme
» les Juifs & les Chrétiens. ... La réforme
» des Juifs n'est pas l'ouvrage du moment ;
» car on sent qu'en général, la marche de
» la raison, comme celle de la mer, n'est
» sensible qu'après des siècles. ... Ordi-
» nairement les révolutions morales sont
» fort lentes «.

Et pourquoi toutes ces vérités se font-
elles évanouies aux yeux du Curé d'Emberménil ? Pourquoi préfère-t-il aujourd'hui,
aux moyens doux, & par cela même plus
capables de succès, les violences qu'il
conseille, les révoltes qu'il excite ? Que
lui ont fait les Colons ? En quoi lui sem-
blent-ils moins à ménager que les Juifs ?
Par quelle fatalité aime-t-il mieux tout
promettre aux Gens de couleur, en les
trompant, que de leur donner l'espérance
d'obtenir un jour partie de ce qu'ils sou-
haitent ? Est-il donc permis de changer
de maxime au gré de son caprice ? & n'en
coûte-t-il rien pour se montrer fanatique,
quand on a cherché autrefois à paroître
modéré ? Si, dans ses principes, l'Apôtre
des Juifs, qu'il connoissoit, a cru devoir
employer la persuasion, pourquoi la dé-
daigne-t-il lorsqu'il parle à des Colons qu'il
ne connoît pas ?

Ce ne fera pas d'après les Mémoires intéreffés de Raymond que M. Grégoire fe formera une idée exacte des chofes. Un Repréfentant de la Nation ne doit pas livrer aveuglément fa confiance. Un Prêtre doit fe garantir d'un enthoufiafme fanguinaire. Un Citoyen doit aimer les intérêts de fa Patrie. Un Homme, quel qu'il foit, doit frémir de l'idée d'une révolution où tout feroit malheur & rien avantage. Celui qui n'auroit pas cette idée de fes devoirs, ne feroit pas digne du rôle qu'une grande Nation l'a chargé de remplir.

Le 16 *Décembre* 1789.

P. U. C. P. D. D. L. M.